Begum Khaleda Zia

Arman Rashid

���� ������ ����

Arman Rashid

Published by ����� ����, 2026.

���� ������ ����

First edition. January 6, 2026.

ISBN: 979-8233099922

Written by Arman Rashid.

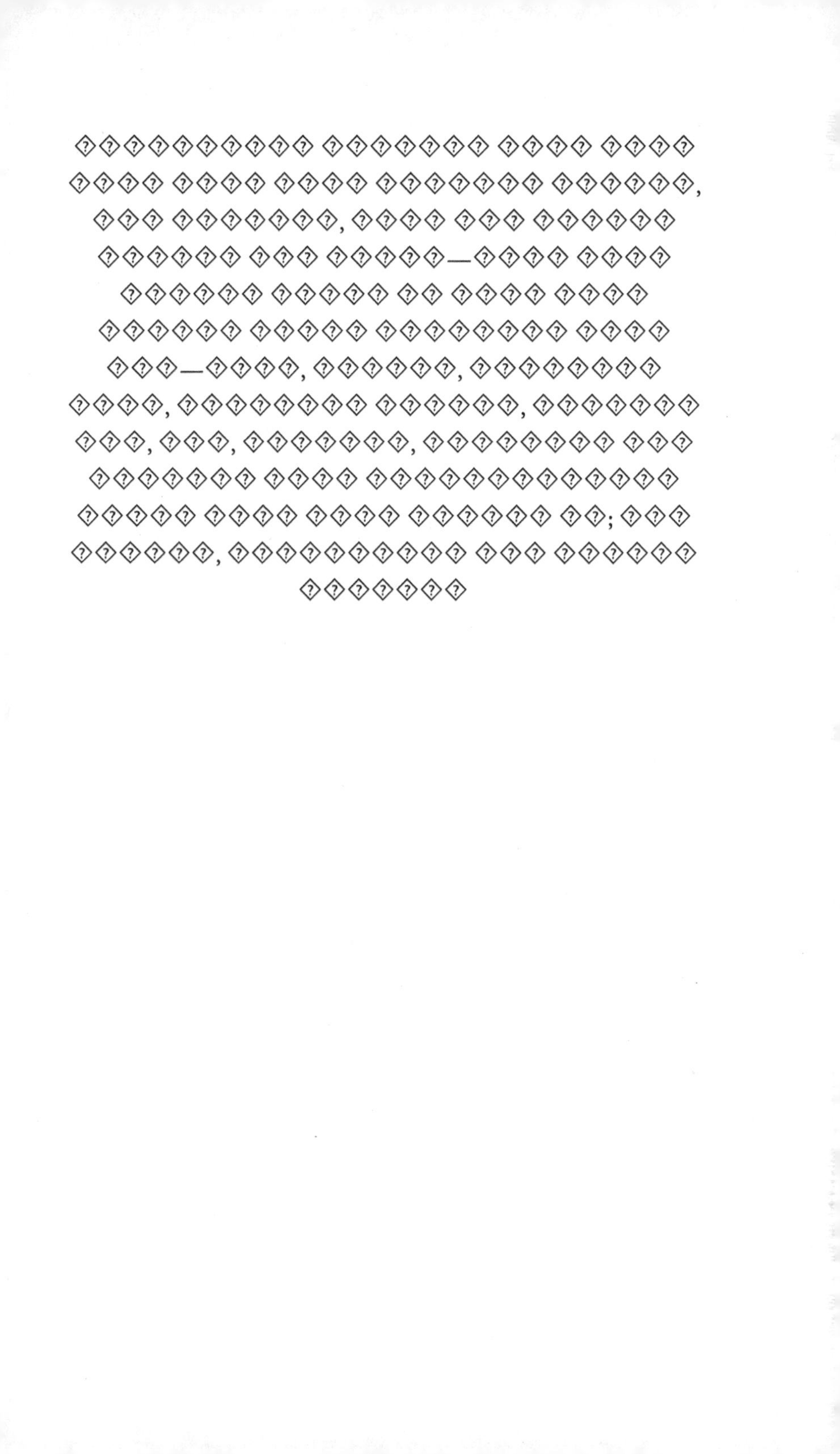

���������� ������� ���� ����
���� ���� ���� ������� ������,
��� �������, ���� ��� ������
������ ��� ������—���� ����
������ ����� �� ���� ����
������ ����� �������� ����
���—����, ������, ��������
����, �������� ������, �������
���, ���, �������, �������� ���
������� ���� �������������
����� ���� ���� ������ ��; ���
������, ���������� ��� ������
�������

���������� ������� ���� ���� ���� ���� ���� ������� ������, ��� �������, ���� ��� ������ ������ ��� �����—���� ���� ������ ����� �� ���� ���� ������ ����� �������� ���� ���—����, ������, �������� ����, �������� ������, ������� ���, ���, �������, �������� ��� ������� ���� ������������� ����� ���� ���� ������ ��; ��� ������, ���������� ��� ������ �������

���� ������ ����

�������� ���������

���������

����

����� ����

Voice of Pen

����������

����������� ������� ���� ���� ���� ���� ���� ������� ������, ��� �������, ���� ��� ������ ������ ��� ������—���� ���� ������ ����� �� ���� ���� ������ ����� �������� ���� ���—�����, ������, �������� ����, �������� ������, ������� ���, ���, �������, �������� ��� ������� ���� �������

������ ����� ���� ���� ������ ��; ��� ������, ���������� ��� ������ �������

���� ������ ����

����������� ��������� �������� ������� �����—�� ������ ��������� ��� ����� ����� ���� ��� �����������, �������� � �������� ������ ������ ������� �� ����� ������ ������ ��� �� ������ ����, ������� �� ��������—��� ������� ������� ������� ������� �������� ��, ��� ���������� ����������� ��������

������� ������ ����� ����� ������ �� ������, ��������� ������� �� ��� ���������� ��� ����� ��������� ��������������� ����� ����� ������ ��� �� �������� �������� ������������-�������� ���������, �������� ������� ��� ����������—�� ������������� ����� ������ ������� ��� ����� ��, ������ ��� ���� ����� ���������� ��� ��� ������

��� ���� ������������ �������� ������ ����� ������� ������—���� ����������, �������� ��� �������������������� ����� ������� ���� ������ �����������, �������� �� �����, ����� �������� ����� ������ ����������� ������ ������� ��� ������������ �� ��������� �������� ��� �� ��������� ����������������; ��� �������, �������� � �������������� �������

������ ���� ��� �� ���������� ���� ������� ������ ��� ���� ������ ������

����� ��� ������� ��, ������ ������� ���� ��� �� ����—������� ���������� ������ ���� ���������� ���� �� ��� ����, ������� ���� ��������� ����������� ��� ��� ��������� ���� ������� ����������

����� ������ ���� ��� ���� ���� ���, ��� ��� ���� ���� ��������� ���� ��—���, ���� � ����������� ������ ����� ��� ���� ���� ������ ����� ������ ���� �� ���������� ���, ��� ���� ������� ���� ������� ������ ���� �� ����������� ��������—���� � �������

���� ���� ���������� ����, ���� ������ ������ ���� �������� ����� ������������� ��������������� ���� ������ ��� ������ ������� ������ �� ���������� �� ������ ������� ����� ���� �� ���� ������� ������-�� ������

�� ���� ������� ������� ������� ��� ��, ��� �� ������� ��������� ������-������� ��� ��� ���� ��������� ��������� ��� ��� �� ������� ��������� ������� ����� ������� ������ ������� ����� ���� ����������� ������� ���������� �������—������������� ������� ���

����� �������� �������� ��� ���������� ������ ����

������� ���� ��� ������ ��� ����—����� �����, ������� ��������, ������� ����������� �����

��� ���� ����� �������� ��� ��� ���� ����� ���� ��������—���� ������ ������ ����� ����� ����, ������ ���� ��� ����� ��� ���

���� ��� ��� ���� ����� ����������� ���� ��� ����� ������� ������� ������ �� ���������� �� ������ ����� ���� ������ �������� ����� ����� ������ ����� ������ ��� ��, ��������� � �������� ����� ����

�� ��� ���� �������—������� ���, �������� ���, ������� ���� ���� ������ ������� ������ �� ����� ���� ������� ��� ��� ������ ���������� ���� ������ ����� �� ����� ��� ��� �������—������ ����� ���� �� ��, ��� ���� ������� ��� �� ���

�� �������� ��� ����� �� ����� ������ ����� ���� ���� ���� ���� ���—���� ����� ���� ���� ����

�������� ������� ��� ��������� ������ ������� ���� ���� ���� ���� ���� ���� ���� ���� ������ ��������� ��—���� ��� ����

��������� �������, �� ��������� ������ ����� ����� ���� ��������� ���������� ������ ���� ���� �� �������� ���� ���� ������������ ����� ��; ��� �� ����� ����� ���� ��� ��� ��������� ����, �� ���� ���� ������ ���� ����� ������ ���� ����� ���� ����� ����

���� ����� �� ��� ���������� ���������� ������ ����� ����� ���� ���� ������ ������ ���� ������������ ����� ��� ����� ���—���� ���� ������� ������� ���� ���������� ���� ��,�� ��������� ����� ��� ������������

�����,����� ��� ��� ���� ������ ���� ������ �������� ���� �������� ������������ ���� �������� ���� �����—�����, ����� ��� ��� ���� ����? ��������� ����� ��� ������� ��� ���� �����, ��������, ���������—����� ������ �� ����� �������� ���� ����� ����� ����

������ �������� ���� ����� ��� ��� ��� ��� ���� ����� ������ ��� ����, ����� ����� ��� ���� ������ ����� ���� ��� �������� �����—����, ����,�������

������ ��������� ������������, �������� ��������� ����—��

�������, ������ ������ �������� ��������� ���� ����� ���� ���� ��������

�� ��������� ���� ��������� ���� ���� ���� ������ ����

���� ������ ������� ��— �� �� ���� ���� ���� ��������, ���������, �������, ��� ��� ���� �������� ������

���� ������ ��� �� ��� ������ ��� ���� �������� ������� ���� ����� ������� ������� �� ��—�� ������� �������� ��� ���� ���� ����� �������� �� ������� ������ ���� ��� ���� ���� ������� ������, ��� ���� ��������� ���� ���������� �������, ��������� ���������, ���� �������� ����—������� ������� ��� ���� ������� ����

������� �������� �������� �� ������� �������� ������� ������� ������� ������� ������ ������ ���� ��� � ��������� ������� ������ ������� ��� ��—"���� ������� �������� ���� �� � ������ ����� ������ ������� ��������"

������� ���� ���� ��������� ����� �������� ���� ��������� ��� ��� ��� ���� ������ ���� ������, ���� �����, �� ��—������ �������� ���� ���� ���� ���������������

������� ��������� ��� ���� ��� ������� ���� �������� �����—����

�������—������� ���� ����� ����������� � ��������

���������� ������� ���� ��� ����� � ��������� ���� ����� ������ ����������, ����������, ������ ����� ����������—�� ������� ���� ��� ����� ���� ������� ������� ���� ����� ����������—��� ���� �� �������, ������ ������� ���� ����, ���� ���� �������, ������ ��������� �������� �����

��� �� ��������� ���� ������ ����

������ ��������� ������������� ��� ����� ������� ������� ������� ��� ���� ���� ������ ��� ������ ����������� ��—���� ����, ���� ��������� ������� ������� �������� � ���� �������� ��������� �� ������ ���� ���� ���� ��� ����

������ ��� ������� ��������� ���, ���� ������� ������� �������—“��� �� ����? ��� �� ���� �� ���� ���� ��� ������� ��� ����?”

������� ��� ��, ��� ������ ��� ����� ������� ������ ��� ������ �������� ��������� ���� ������ ������� ������ ������ ���� ����

���� ����, ��������� ���������, ������� ���� ��������� ������ ������ ����� �� ������������ ��� ���� ���� ��� ���� ���� ���� ���� ��������� ������—���� ������, �� ��, �� ����,

[illegible], [illegible]

[illegible], [illegible]

[illegible], [illegible], [illegible]—[illegible], [illegible]

[illegible], [illegible], [illegible]—[illegible]: [illegible], [illegible], [illegible], [illegible]

[illegible]-[illegible], [illegible], [illegible]—all [illegible]

������� ���� ����� ������ ��� �������� ������, ��������� ���� ��� ��������� ������ ���� ��� � ���� �������� ������ �����

������ ����� ������ ����������� ����������: ���� ���� ������ ��������� �����, ����, ��� � �������������� ���� ���� ������ ������, ����� ��������� �����, ���� ������� ��� �������� ������ �������, �� ����������� ���� ��� �������� ���� ��; ��� ����� ������, ���� ��� ������� ������� ����� ���������

���� ������ ������� ������ ���� ��������� ��� ��� �� ������, ���� ��� ��������� ���� ���� �� ����� ���� ������ ����� ������ �� �������� ���� ������ ���� �������� ��, ����������� ���������� ���������� ������ ������ �� �������� ������ ��� ������� ���� �����������, ����������� ��� ������� ��� ������ ������

������ ����� ������� �� �������� ����� ��� ����� ��������� ���� ������ ���� ����� ����� �������� ���� ��, ��� ������

� ���������� ��������������������
�������� �������� ���

��� ������� ���, ���� ������� ���� ��������� ������������ �������� ��, ������ �������� ��� ������ ������� �������� ��������� ������� ���� ������

��������� �������� ���� ��������� ���� ������� ���� ������� ��������� ����� ���� ��������� ����� ������ ����, ���� ��������� ���� ��������� �������� ������ �������� ������

��� ������—��������� ��������� ���� ���������, ���� ������� ��� ����, ���� ��� ��������� ���� ������� ������� ����

�������� ������������� ��� ������������ ������������ ������ ����� ��������� �������� ������ ���� �������� ����������� ������������ ���� Reuters, The Guardian, AP News � ���� �����, ��������� �������� ��� ���������� ����� ��������� ���� ��� ���

��� ������� ��� ��, ���� ������ ���������� ����� ���� ��, ����� ����������� �������� �����

������� ����� ��� ���� ������-� ��� ������� ������� �������� ���� ������� ��� ���

���������� ��������� ������� ��������� ��������� �������� �����

_______________ ___________ ___________ _______________

������: ������������ ������ ������� ������

�������� �������� ���� ��� ������������—���� �������� ��� ���� ���� ���, ��� �������� ����, ��� ������� ��� ������� ��� ����� ����� ������� ������ ���� ������� ������, �� ������������� ����� �������� ��������� ������� ������� ������ ���� ���� ��������� �� �� �������� ������� ��� ��� ����, ��������, ���, ��������������, ���������, ��� ������� ������� ����, �� ������� ������—����������� �������� ���� ���� ������ ���� ��, ��� ���� ����� ����, ����� � ��������� ��� ������

��� �������� ������� ��� ����� ���—������� ���� ����, �����, ��� �������� ���� ����������� ���� ����, �� ���� �������� ������ �������� ����������, ��� ������� ������� �������� ����� ��������� ��� �� �� ������� ����� ���, ������ ��� �������, ��� ������, ��� ���������� ���� �������� ��� �������, ������ ��� ���������� ���������� ��� ����� ����

�� ����� ��� ����, ������ ��� ���� ���—������ ����� ���� ���� �����

������ ���� ��� ����� ��, ������� ������� ����� ����, �����, ����� �����—�� ����� ������ ������ ������� ��� ���������� ����, ���� ���� ������ ��������, ������ ���� ������������ ��� ����� ����� ����������, ��� ���� ���� ����������, ���� ������ ��� ���� �������� ��������� �������

“��������� ���� ����
������ ��; ��� ������
�����,

����� ������� ���
���� ����� �������
���� ���� �������”

������

Don't miss out!

Visit the website below and you can sign up to receive emails whenever Arman Rashid publishes a new book. There's no charge and no obligation.

https://books2read.com/r/B-A-ERZUD-MYCXI

Did you love ���� ������ ����? Then you should read ������� ��� ��[1] by ����� ����!

[2]

������� ���� ����� ������� �� ����� ���������� ��� ���������� ����� ���� ��� ������� ������� ��, ���� ����� ������ ��� ���� ����� ������ ���� '������� ��� ��' ���� ���� ������ �� ����� ������� �� ������ ������������

�� ����� ������� ����� ���� ����� ����� ���������� � ���������� ����� ����� ���� ����� ���� ����� ������� ����������� ����� ������ �

1. https://books2read.com/u/38K0Mw

2. https://books2read.com/u/38K0Mw

����� ���� ��� ������ ������ ���
���������� �� ���� �����, �����
����� ���������� ���� ���������
����, �� ������� ���������� �����
���� ����� ��� ����� ����� ����
�����

Also by Arman Rashid

Embers of Eternity
Pulse of Two Hearts
With Love
Feelings In Love
Soulprint
Soulprint
Ashes Beneath Her Soul
The Eternal Union
Ashes Beneath Her Soul
The Eternal Union
The Rode of a Broken Heart
Rhymes
���� ������ ����

Watch for more at https://armanrashid20.blogspot.com/.

About the Author

I am Arman Rashid.

Read more at https://armanrashid20.blogspot.com/.

About the Publisher

www.ingramcontent.com/pod-product-compliance
Lightning Source LLC
LaVergne TN
LVHW060307051026
849517LV00003B/1008
* 9 7 9 8 2 3 3 0 9 9 9 2 2 *